Fiche **philosophe**

Par Natacha Cerf

Cicéron

LePetitPhilosophe.fr

CICÉRON

HOMME POLITIQUE ET ÉCRIVAIN ROMAIN

- **Né vers 102 av. J.-C.**
- **Décédé en 43 av. J.-C.**
- **Quelques-unes de ses œuvres :**
  - *De l'orateur*
  - *De la République*
  - *Des devoirs*

Cicéron marque l'histoire romaine du **Ier siècle av. J.-C.**, d'une part par ses textes, dont l'éloquence et la rigueur classique sont exemplaires, d'autre part par son **rôle majeur dans la politique**. Se montrant brillant dès son plus jeune âge, il devient avocat puis questeur en Sicile, où il signe son premier grand succès politique et judiciaire en plaidant contre Verrès, un gouverneur accusé de corruption. Il est ensuite élu consul, le plus haut grade possible dans la République romaine. C'est à cette époque qu'il empêche son ennemi juré, Catilina, de fomenter un coup d'État grâce à quatre célèbres discours réunis sous le nom de *Catilinaires*.

Le danger provoqué par les affaires politiques et judiciaires dans lesquelles il s'implique l'oblige plusieurs fois à s'éloigner de Rome. C'est essentiellement à ces périodes qu'il se consacre à **son œuvre, à la fois littéraire, politique et philosophique**. Sur ce dernier plan, il se révèle **l'héritier du scepticisme, du stoïcisme et de Platon**.

Tombé en disgrâce, il est exécuté en 43 av. J.-C. sur ordre de
Marc Antoine.

BIOGRAPHIE

UNE SOLIDE FORMATION

Cicéron (Marcus Tullius Cicero en latin) est un homme d'État romain et un auteur latin né à Arpinum (en Italie actuelle) vers 102 av. J.-C. Il doit sa renommée essentiellement à ses talents remarquables d'orateur. Cicéron est envoyé à Rome pour étudier le **droit** et reçoit également une solide formation de **philosophie**.

Les débuts de Cicéron en tant qu'**avocat** sont remarqués, mais ont déjà pour lui l'odeur du danger. C'est pourquoi il part quelque temps en **Grèce** où il approfondit ses connaissances philosophiques, notamment auprès des épicuriens Zénon de Sidon (vers 155-75 av. J.-C.) et Phèdre (Ier siècle av. J.-C.). À Athènes, il se lie à **Atticus** (109-32 av. J.-C.) avec lequel il entretiendra une abondante correspondance. Cette période de formation achevée, Cicéron retourne à **Rome** et reprend ses activités d'avocat d'affaires.

LES SUCCÈS POLITIQUES

À l'âge de trente ans, Cicéron postule aux magistratures et se lance dans une carrière politique. Il entame le ***cursus honorum*** : il devient d'abord **questeur** (magistrat chargé de gérer les finances et les fonds publics) en Sicile et est ainsi admis au sénat. C'est à ce moment qu'il acquiert la notoriété grâce à la **défense des Siciliens dans leur procès contre Verrès**, un corrupteur accusé d'avoir mis en place un système de pillage d'œuvres d'art. Cicéron publie à ce sujet les *Verrines*, à savoir l'ensemble des discours prévus dans sa défense, ce qui lui vaut une réputation d'avocat engagé contre la corruption. Verrès, vaincu, s'exile dès le premier discours de Cicéron à Marseille.

Le questeur devient ensuite **édile** (magistrat en charge des édifices), puis **préteur** (magistrat chargé de l'administration des lois civiles). Cicéron souhaite incarner une troisième voie en politique, entre le conservatisme politique des *optimates* (les « aristocrates ») et le réformisme radical des *populares* (les « partisans du peuple ») : **la voie des hommes de bien**, des *viri boni*. Seulement, lorsque César (100-44 av. J.-C.) et Catilina (vers 108-62 av. J.-C.) émergent dans le camp des populares, Cicéron se rapproche des optimates et de Pompée (106-48 av. J.-C.).

Il est élu **consul** (magistrat détenteur du pouvoir suprême – les consuls sont au nombre de deux et sont élus chaque année) **en 63 av. J.-C. contre Catilina**. Ce dernier échoue trois fois aux élections du consulat et prépare en représailles un **coup d'État** en vue d'éliminer une partie de l'élite politique et de s'emparer du pouvoir suprême. Cependant, démasqué,

Catilina quitte Rome pour fomenter une insurrection en Étrurie (l'actuelle Toscane), tout en laissant à ses complices le soin de l'exécution du coup d'État à Rome. Cicéron écrit au sujet de ces projets criminels *Les Catilinaires*, ce qui a pour conséquence l'exécution des conjurés sans jugement public. Quant à Catilina, il est tué quelque temps plus tard, ainsi que ses partisans. L'année 63 est glorieuse pour Cicéron qui n'hésite pas à se présenter comme le sauveur de la patrie.

Cicéron, en tant que consul, se trouve au sommet de la hiérarchie sociale et du milieu aristocratique et fortuné de l'époque. Dès lors, il possède une richesse nouvelle consistant essentiellement en des biens fonciers et mène une **vie luxueuse**.

L'EXIL ET L'ÉCRITURE

Après l'affaire Catilina, le premier triumvirat, qui constitue une alliance politique entre trois hommes, est conclu entre Pompée, Crassus (115-53 av. J.-C.) et César en 60 av. J.-C. Quant à Cicéron, il se retire quelque peu de la vie politique, alors dominée par les ambitieux et les démagogues, ceux qui cherchent à flatter le peuple afin d'obtenir ses faveurs. Il finit pourtant par être **exilé par ses ennemis politiques**, dont Clodius (93-52 av. J.-C.), à la tête des partisans de Catilina, sous le prétexte de l'usage de procédés illégaux contre les conjurés. Sa maison sur le Palatin est détruite et sa villa à Tusculum est pillée. Cependant, Cicéron peut revenir triomphalement à Rome en 57 av. J.-C. grâce au vote annulant son exil obtenu par Pompée. En 51, il reçoit la fonction de **proconsul en Cilicie**, une province romaine d'Asie mineure. Il semble que Cicéron l'ait gouvernée avec intégrité selon ses principes de paix et de justice.

L'orateur retourne à Rome en 50 av. J.-C. alors qu'une **crise politique** oppose Pompée à César. Il se range dans le camp des conservateurs, incarné par Pompée, tout en essayant de ménager César, mais cela s'avère sans succès : il fuit alors Rome et se réfugie dans une de ses maisons de campagne, tout en déplorant la guerre civile qu'il juge inutile et sanguinaire. Cicéron finit pourtant par rejoindre le camp de César. Mais il se fait discret et **se consacre davantage à l'écriture, à la traduction, à la philosophie et à la poésie qu'à la politique**. Il souhaite suivre le modèle des sages anciens et servir son pays au travers de ses écrits, abondants et variés. Il est ainsi non seulement l'auteur de plaidoiries et discours, mais aussi de traités de rhétorique (*De l'orateur, De l'invention*, etc.), d'œuvres philosophiques (*De l'amitié, De la vieillesse, De la République*, etc.) et de poèmes qui ne sont pas parvenus jusqu'à nous.

César est assassiné en 44 av. J.-C. à la grande surprise de Cicéron qui n'avait pas été mis dans la confidence. **Marc Antoine** (83-30 av. J.-C.) **prend le pouvoir**, mais Cicéron ne s'entend pas avec lui et l'attaque dans des discours de plus en plus violents (*Les Philippiques*). Il le considère comme un sanguinaire fou et corrompu. Malgré tout, Marc Antoine, Octave (63 av. J.-C.-14 apr. J.-C.) et Lépide (vers 89-13 av. J.-C.) constituent le second triumvirat en 43 av. J.-C. La même année, Marc Antoine **fait assassiner Cicéron** la même année et expose ses mains et sa tête au forum, ce qui choque profondément l'opinion romaine.

CONTEXTE PHILOSOPHIQUE

LA PHILOSOPHIE À ROME AUX IIe ET Ier SIÈCLES AV. J.-C.

À l'époque de Cicéron, la philosophie n'est que peu considérée. Ce n'est qu'au **IIe siècle av. J.-C.** que **Rome accueille les idées grecques**, mais cela ne va pas sans une certaine méfiance qu'incarne l'anti-hellénisme mis en avant par Caton l'Ancien (234-149 av. J.-C.).

Ainsi, peu à peu, **les écoles philosophiques s'imposent à Rome**, où les maitres et les ouvrages foisonnent. Plus aucun homme politique digne de ce nom n'appartient à l'une ou l'autre école. Quant à **Cicéron**, il voit dans la philosophie :

- une puissante auxiliaire de l'éloquence, de la persuasion par le discours ;
- une médecine de l'âme apte à la délivrer de ses passions ;
- un moyen de réfléchir au bon modèle politique.

Il étudie d'abord **l'épicurisme**, puis le **stoïcisme**, ainsi que **la Nouvelle Académie**. En somme, Cicéron ne s'attache pas à une école en particulier, mais se montre éclectique, bien que ses préférences aillent à la Nouvelle Académie. La philosophie de Cicéron s'élabore à partir de ces influences.

L'ÉPICURISME

L'épicurisme est une **doctrine matérialiste** qui s'est d'abord développée en Grèce avec **Épicure** (341-271 av. J.-C.). Il conçoit **l'univers comme exclusivement composé de vide et d'atomes**, comme le pensait déjà Démocrite (vers 460-370 av. J.-C.). Dès lors, il est inutile de redouter la mort puisque l'âme elle-même est composée uniquement d'atomes : lorsque nous mourons, l'âme se désagrège tout comme le reste du corps. Par ailleurs, il n'y a pas à craindre les dieux non plus, car la doctrine épicurienne les envisage comme des êtres parfaits vivant bienheureux dans leur propre monde et ne se souciant pas des hommes.

Épicure montre que si les hommes craignent les dieux et la mort, c'est parce qu'ils ignorent les causes véritables des phénomènes naturels et les incombent à des puissances surnaturelles. En les débarrassant de leurs peurs, le phi-losophe permet aux hommes d'atteindre **le bonheur**, qui **réside dans la santé du corps et la tranquillité de l'âme**, soit dans l'absence de souffrance. À cette fin, il invite ses disciples à **pratiquer les vertus**, en particulier celle de la tempérance : il s'agit en premier lieu d'apaiser ses passions et d'éradiquer les désirs vains (par exemple l'aspiration à la gloire, à la richesse ou à la luxure), pour satisfaire uni-quement les désirs nécessaires (comme boire et manger). Épicure convie ainsi ses disciples à une vie frugale et dénuée d'ambition.

LE STOÏCISME

Le stoïcisme, école philosophique fondée aux alentours de 315 av. J.-C. par **Zénon de Citium** (vers 335-264 av. J.-C.), est contemporain de l'épicurisme. C'est d'abord une doctrine morale très austère qui propose **des règles de vie propres à**

atteindre bonheur et sagesse :

- d'une part, l'homme doit **vivre en harmonie avec la nature en maitrisant ses passions** qui épuisent l'âme en vain. Dès lors, les stoïciens s'attachent à ne pas regretter, à ne pas avoir pitié, à ne pas être affectés par l'injustice, à ne pas ignorer, à ne pas avoir d'opinion, etc. ;
- d'autre part, il doit **accepter que tout ce qui arrive doit arriver**. En effet, tout est écrit d'avance. Cet assentiment au destin apporte au stoïcien la liberté et la paix de l'âme (ce qu'on appelle l'ataraxie), et lui permet de vivre parmi les hommes en acceptant la place qui lui est assignée. Aujourd'hui, le terme « stoïque » désigne l'attitude de celui qui supporte la douleur et le malheur de façon impassible.

Épicurisme et stoïcisme s'opposent sur plusieurs points :

- Épicure tente de se montrer plus humain en imaginant une sagesse qui tiendrait compte de la faiblesse humaine. Il accuse en outre les stoïciens de chercher à prendre le pouvoir sur leurs disciples en les manipulant. Enfin, il estime que rien n'est écrit d'avance, laissant ainsi aux hommes leur pouvoir d'action ;
- de leur côté, les stoïciens accusent Épicure de rapporter la vertu à la volupté et donc d'inciter les hommes à se laisser aller aux plaisirs de l'amour. Il s'agit d'une mésinterprétation de la doctrine épicurienne qui a perduré au fil des siècles.

LE PLATONISME

Le platonisme, hérité de **Platon** (427-347 av. J.-C.), est une théorie philosophique selon laquelle il existe des entités intelligibles en soi. Pour Platon, la philosophie mène à la contemplation de ces entités.

Pour mieux comprendre, il est nécessaire de se pencher sur **la théorie des Idées de Platon**, qui introduit un dualisme entre deux mondes :

- d'une part, **le monde sensible** qui n'offre aucune stabilité puisque par essence il est le mouvement, le changement et le particulier ;
- d'autre part, **le monde intelligible** qui est stable et constitué d'hypothétiques essences immatérielles, éternelles et immuables : **les Idées**. Celles-ci sont, selon Platon, **des « archétypes » de la réalité** d'après lesquels les objets du monde visible sont formés. Ainsi, le monde sensible est soumis aux Idées immuables, dont il tire son être.

Platon propose donc de réduire le sensible, le multiple, dans l'un, dans l'Idée puisque celle-ci constitue un modèle abstrait, parfait, éternel et immuable. Le but est d'atteindre le Bien en soi, la valeur suprême chez Platon, par le biais de la philosophie.

LA NOUVELLE ACADÉMIE

La Nouvelle Académie désigne **le renouveau de l'Académie de Platon** – il s'agissait de l'école fondée par le philosophe. Ce renouveau débute dès 273 av. J.-C. avec **Arcésilas de Pitane** (vers 316-241 av. J.-C.) qui décrète que, malgré le caractère achevé de l'œuvre platonicienne, la vérité doit être cherchée à nouveau. Pour ce faire, les nouveaux académiciens utilisent la même méthode aporétique (méthode qui consiste à résoudre des contradictions apparentes) que Platon ainsi que la dialectique socratique (méthode pratiquée par Socrate, également appelée maïeutique, consistant en un interrogatoire ou dialogue qu'il mène avec son interlocuteur en vue de le faire « accoucher » des connaissances qu'il a déjà en lui-même sans en avoir conscience). Cependant, ils vont plus loin en déclarant que **le vrai ne peut être trouvé** : on ne peut atteindre que le probable et non la vérité absolue.

Cicéron reproche de manière générale à ces philosophies – l'épicurisme, le stoïcisme, le platonisme et la Nouvelle Académie – d'exiger le retrait de la vie politique ou du moins d'affirmer la supériorité de la théorie sur la pratique en vue de l'atteinte d'un idéal qui ne se situe jamais vraiment dans l'action.

PENSÉE ET APPORT

L'ART ORATOIRE

La nécessité de la rhétorique

Cicéron est tout d'abord connu pour avoir élaboré **une théorie de l'éloquence comme mode d'expression et comme moyen politique**.

Il considère que la maitrise du discours est une nécessité pour les hommes politiques qui doivent s'affronter dans les procès, dans les débats au sénat ou lors des prises de parole destinées à séduire l'opinion publique. C'est pourquoi il étudie **les rhéteurs grecs** (qui enseignent la rhétorique), considérés comme les professionnels de la parole. Les styles de parole de l'époque sont en effet tous d'origine hellénique. Parmi eux, on trouve :

- l'asianisme (style issu d'Asie mineure), discours dont la caractéristique principale est de tendre au pathos, à l'exagération et aux tournures maniérées ;
- l'atticisme (style issu de l'Athique), qui s'attache à la pureté du langage et à la précision ;
- enfin, l'école de Rhodes, dont Démosthène (384-322 av. J.-C.) est le modèle, qui cultive la sobriété du langage et le calme du débit de paroles.

Cicéron se range dans **l'école de Rhodes :**

- il considère que les excès d'émotion de l'asianisme conviennent peu à la gravité et au sérieux du caractère romain ;

- il fait par ailleurs l'éloge d'un style soigné, expressif et abondant contre l'atticisme qu'il juge trop sec et peu apte à séduire et à convaincre une foule – en effet, l'atticisme s'adresserait davantage aux grammairiens.

BON À SAVOIR

La **rhétorique** (du grec *rhètoreuô*, « faire de belles phrases ») désigne l'ensemble des règles et des procédés constituant l'**art oratoire**, autrement dit l'art de bien parler, l'**éloquence**, de manière à émouvoir et à persuader par le discours.

L'exercice oratoire : ni un art, ni une science

Pour Cicéron, l'exercice oratoire ne se résume pas à l'apprentissage théorique de l'art des faux-semblants. Il pense que l'art oratoire n'est pas qu'un passe-temps culturel et qu'il ne s'agit pas d'étudier la rhétorique sur le mode « savoir pour savoir » : en somme, **l'exercice oratoire n'est ni un art, ni une science**. En réalité, le rôle et l'importance de l'art oratoire sont tels qu'**il surpasse l'art de la guerre** : on remporte davantage de combats en usant de la parole qu'en prenant les armes. Cicéron affirme ainsi la supériorité de la gloire de l'éloquence sur celle des armes, ce qui signifie que **l'orateur doit être la figure centrale de la vie publique romaine**.

La théorie cicéronienne de la rhétorique, une anti-théorie ?

La théorie cicéronienne de la rhétorique est plutôt une anti-théorie étant donné que l'orateur s'oppose aux divisions stériles et assommantes proposées par les manuels de rhétorique. Ceux-ci distinguent **cinq étapes dans la préparation du discours** :

- trouver des idées ;
- les disposer, c'est-à-dire les organiser intelligemment ;
- les mettre en forme ;
- les mémoriser ;
- les faire valoir par l'action et le débit de paroles.

Ces divisions ne sont pour Cicéron que **des évidences érigées en système**, puisqu'il s'agit de la démarche naturelle de l'esprit (citation 1).

Il en va de même en ce qui concerne les **quatre parties du discours** détaillées par les manuels de rhétorique :

- la narration (l'orateur expose et développe les faits) ;
- la confirmation (il prouve ses dires) ;
- la réfutation (il affaiblit ou détruit les arguments de son adversaire) ;
- la péroraison (il rappelle de manière concise, en guise de conclusion, l'essentiel de son discours pour emporter l'adhésion de son auditoire).

Il est en effet tout à fait naturel de débuter par un préambule, d'exposer le fait, de le démontrer en s'appuyant sur de solides preuves et en détruisant celles de l'adversaire, puis de conclure son discours. Telle est la seule manière prescrite par la nature. La théorie n'apprend donc rien que nous ne sachions déjà ; c'est pourquoi Cicéron propose de **s'appuyer davantage sur l'expérience que sur la théorie**. Mais l'expérience seule ne suffit pas non plus. La rhétorique implique en effet de **posséder nombre de qualités** :

- la vertu morale et humaine ;
- une autorité naturelle et un caractère digne ;
- des actions louables et tout ce qui confère à notre vie la considération des autres ;
- la douceur de la voix et du visage ;
- la majesté, l'intelligence et l'imagination ;
- le regret expressif lorsque l'orateur a à se livrer à une attaque vive, etc.

La parole comme vecteur de l'action

Cicéron considère la parole comme le vecteur de l'action – c'est-à-dire qu'elle engendre l'action – et donc, par là, comme essentiellement politique et engagée. Ainsi, **la rhétorique doit être tournée vers l'action** (citation 2) : le rhéteur doit préparer son discours dans le but de convaincre son auditoire pour remporter des victoires politiques. La rhétorique permet à l'individu :

- d'une part, d'être pleinement un homme, puisque seul l'homme est doué de la parole ;
- d'autre part, de tenir un rôle dans la cité pour remporter des luttes et écrire l'histoire. La rhétorique dépasse ainsi la philosophie en ce qu'elle est aux prises avec une situa-

tion chaque fois singulière.

En vue de mener à bien ses actions par le biais de ses discours, **l'orateur doit** :

- **plaire, séduire et toucher** ;
- **connaitre l'homme et l'histoire**, soit les habitudes, les coutumes, les codes sociaux, l'organisation politique, le caractère des hommes, etc., dans le but de pouvoir faire preuve de douceur, de pénétration ou de pathétique selon les circonstances (citation 3). En effet, l'orateur idéal possède un savoir universel, il est doté d'une culture générale étendue. C'est possible dans la mesure où il ne se laisse par entrainer par l'appel du « savoir pour savoir » et de la théorie pure, mais s'intéresse seulement à ce qui est utile pour la vie. Néanmoins, la rhétorique est, aux yeux de Cicéron, surtout judiciaire et implique par conséquent une connaissance plus approfondie du droit romain, du droit civil et du droit public ;
- **faire preuve de mesure en toutes choses** (en matière d'humour, de gestuelle et de métaphore) et se cantonner à l'utile et au nécessaire.

La prédominance de l'utile et de l'intérêt

On a reproché à l'art oratoire cicéronien de ne concevoir l'honneur, les valeurs et la dignité que comme des masques derrière lesquels se cachent l'opportunisme et le cynisme. La rhétorique ne serait que l'art du comédien, l'art de feindre pour obtenir la confiance de l'auditeur. Autrement dit, l'éloquence, en tant qu'outil à la conquête du pouvoir, ne serait qu'immoralisme pur. Sans égard pour ce qui est juste ou vrai, la rhétorique déploierait ses coups dont aucun n'est interdit en vue d'atteindre des fins qui n'ont nulle exigence morale. En somme, il n'y aurait dans l'art oratoire aucune considération pour la vertu, le bien et la moralité, ni dans les moyens ni dans les fins. Ceci parce que pour Cicéron, **l'utile et l'intérêt l'emportent dans la réalité sur l'honneur et la respectabilité**.

LA JUSTICE

Cicéron considère la rhétorique comme avant tout destinée à servir la justice :

- d'une part, dans l'art de plaider et de remporter des causes loyales ;
- d'autre part, dans l'art de théoriser ses idées en vue de convaincre les lecteurs de leur légitimité et de les voir un jour mises en application. C'est ce qu'il entreprend dans de nombreux ouvrages sur les thèmes de la politique et du juste.

L'orateur recommande de **privilégier l'intérêt général à l'intérêt particulier**. Les intérêts de l'individu, de la famille et de la cité doivent être subordonnés aux intérêts généraux de l'humanité. Mais il ne s'agit pas simplement d'une condamnation de l'égoïsme. En effet, il applique ici la **conception stoïcienne** selon laquelle toutes les parties du monde, bien que différenciées, sont liées au tout par une sympathie générale : **tous les hommes sont unis par une loi naturelle qui interdit d'attenter aux droits d'autrui** (citation 4). C'est par conséquent de la connaissance de la loi naturelle que découle le principe de justice : celui-ci se fonde dans la loi naturelle. Autrement dit, les règles du droit sont commandées par la réalité physique du monde.

Cicéron en déduit que **l'homme est avant tout un citoyen du monde**, une conception héritée du stoïcisme également. L'étranger est donc aussi considéré comme un sujet de droit vis-à-vis duquel nous avons des devoirs. Les thèses universalistes de Cicéron, dans le contexte historique de l'Empire romain, qui se caractérise par son appétit de conquêtes, trouve une application pratique : Rome ne se veut pas une cité seule, mais une cité à la tête du monde, et l'Empire donnera d'ailleurs la citoyenneté romaine aux peuples conquis.

Comme toute théorie du droit fondée sur l'existence d'une loi naturelle, elle se justifie par le divin. En effet, si **la nature est un modèle, c'est parce qu'elle est directement inspirée de la loi divine** : la loi de la nature s'identifie à la loi de Dieu. C'est pourquoi elle est parfaite et doit être considérée comme une référence, sous peine d'impiété. De même, l'universalité de la communauté des hommes a été instituée par Dieu.

Selon Cicéron, **la justice est la reine et la maitresse de toutes les vertus**, et ne se limite pas au « à chacun son dû ». En effet, tout comme Aristote (384-322 av. J.-C.) et Platon le notaient déjà, elle ne peut consister en l'application stricte du principe d'égalité entre les individus et se doit d'être étendue dans l'amour du prochain. C'est-à-dire qu'une **justice véritable** ne s'obtient pas dans la symétrie des égoïsmes, mais dans **la protection de l'autre au-delà de son propre bien-être et de ses propres intérêts**. Il faut pouvoir prendre soin de l'autre quitte à souffrir à sa place, quitte à voir son propre droit mis à mal. Il s'agit là de la vertu suprême.

LA POLITIQUE

Alors que la République s'effrite et que le régime qui lui succède n'a pas encore été institutionnalisé, Cicéron réfléchit à un nouveau modèle politique.

L'homme d'État, un éducateur

Il exige tout d'abord de l'homme d'État qu'il soit un éducateur. À cette fin, celui-ci doit recevoir une formation lui apportant un savoir à la fois universel et approfondi. L'importance que Cicéron accorde à la culture de l'esprit fait de lui un humaniste avant l'heure. Ainsi, **politique et philosophie deviennent deux activités complémentaires**.

BON À SAVOIR

L'**humanisme** désigne, au sens large, toute doctrine qui s'attache à l'épanouissement de l'homme. Au sens restreint, il s'agit d'un courant littéraire et intellectuel qui a vu le jour à la Renaissance (XVe et XVIe siècles) : les humanistes de l'époque développent l'esprit critique, s'affranchissent du contrôle de l'Église et redécouvrent les œuvres de l'Antiquité, mais, surtout, ils placent l'homme au centre du monde et défendent la dignité humaine.

Cicéron souhaite aboutir à un *consensus universorum*, à savoir **le rassemblement de tous, toutes origines confondues, derrière quelques principes modérés**. Autrement dit, il aspire à ce que toutes les classes sociales aient leur part de pouvoir et s'entendent sur des principes politiques et de justice communs.

La constitution mixte

Aussi, selon le philosophe, le seul dessein de l'homme politique doit-il être l'absence de guerres et de conflits, et le refus du pouvoir excessif pour l'application du droit de tous. À cette fin, **la constitution idéale est la constitution mixte offrant des caractères** :

- **de la monarchie** (le détenteur du pouvoir est unique) ;
- **de l'aristocratie** (les meilleurs se voient confier le gouvernement) ;
- **de la démocratie** (le pouvoir appartient au peuple).

Chacun de ces régimes pris séparément est fragile puisque miné par des faiblesses internes (citation 5). De plus, chacun court un danger spécifique : la monarchie peut se muer en une tyrannie si le monarque fait régner la force et la peur, l'aristocratie en une oligarchie si les gouvernants ne pensent qu'à leurs intérêts propres et la démocratie en une tyrannie collective si la foule devient irrationnelle. Par conséquent, aucun de ces régimes rongés par des vices intrinsèques n'a la possibilité de durer ; ils seront toujours renversés par des révolutions. Or **il s'agit de rechercher la stabilité**. Par conséquent, la constitution mixte apparait comme la solution idéale. Plus précisément, dans le gouvernement mixte :

- la monarchie apparait sous la forme du pouvoir suprême de deux consuls nommés par le sénat, dont l'un est en faveur du peuple et l'autre en faveur du sénat ;
- le pouvoir aristocratique réside dans l'autorité des nobles qui siègent au sénat ;
- le peuple assoit la légitimité de la République en élisant les magistrats et en votant les propositions de lois.

Le pouvoir des consuls ne présente pas de danger en ce qu'il est temporaire et mandaté (et donc non arbitraire puisque les consuls n'exercent pas en leur nom propre). De plus, les deux consuls étant par principe d'opinions politiques contraires, le pouvoir du premier est empêché par celui du second et vice-versa.

En réalité, Cicéron s'inspire de l'historien grec **Polybe** (vers 200-120 av. J.-C.) (citation 6). Il rêve d'une République ouverte, respectueuse du droit, de la raison et de la justice, fondée sur la collaboration de quelques hommes d'élite autoritaires et vertueux, philosophes éloquents, aptes à agir en cas de crise. La constitution mixte est une combinaison de ce qu'il y a de meilleur dans chaque régime politique et présente en ce sens un caractère modéré. Ce type de gouvernement de centre empêche les abus de chacune des formes de gouvernement simple. L'équilibre des pouvoirs et le mélange des classes offrent une harmonie parfaite et reflètent ainsi l'ordre de l'univers créé par les dieux : ce fondement dans un ordre divin justifie que ce type de constitution puisse durer éternellement.

LA RELIGION ET LA MORALE

Pour Cicéron, **l'homme a naturellement foi en l'existence des dieux**. Ce consentement de tous doit être vu comme une loi de la nature. Il n'y a pas à douter davantage de l'existence des dieux que de celle du soleil.

Pour prouver l'existence des dieux, Cicéron évoque l'ordre parfait des astres et l'harmonie naturelle de leur mouvement. Ce ne peut être l'effet du hasard ni une construction des hommes : seule une intelligence supérieure peut les régler. L'univers peut être examiné de tous côtés, la raison ne peut qu'en conclure que **tout est admirablement gouverné par une providence divine** qui veille sur les hommes (citation 7). Il faut donc honorer les dieux pieusement avec un infini respect et ne pas recourir aux superstitions qui n'aboutissent qu'à la crainte.

Aussi cette croyance en l'existence des dieux permet-elle le gouvernement de la cité : elle est utile car, **grâce à l'autorité du divin, les hommes se détournent du crime**. Cependant, les dieux étant invisibles et extérieurs aux sociétés humaines, les hommes ne peuvent les croiser. C'est donc à eux seuls que revient la tâche de se pencher sur la manière d'améliorer leur vie. Ainsi, pour Cicéron, comme pour tout autre Romain de l'époque, **la question primordiale de l'existence est morale** : c'est celle du souverain bien. En d'autres termes, il faut savoir identifier le souverain bien pour améliorer l'existence et connaitre les devoirs que nous devons accomplir. Synthétisant les analyses des philosophes grecs qu'il a étudiés, Cicéron voit le souverain bien dans un équilibre entre plaisir, honnêteté et vertu.

S'il croit à la providence divine, à l'instar des stoïciens, notons cependant que **Cicéron s'oppose à la conception stoïcienne du destin qui pousse l'homme à l'inaction**. Le destin s'applique en effet à la nature, où tout ce qui arrive est écrit d'avance, mais il ne peut valoir que partiellement pour l'homme. Même s'il est possible que celui-ci soit en partie conditionné par son milieu et par la disposition des astres à sa naissance, il n'en est pas moins doté de la faculté de déterminer librement ses propres choix et de contrôler ses inclinations personnelles par la force de sa volonté. Ainsi, **l'homme est autonome, libre d'agir et de choisir**, car le caractère volontaire de l'esprit humain tire son principe de lui-même et non d'une cause qui lui serait extérieure. Telle est la nature de l'homme.

Cicéron a élaboré **une théorie de l'éloquence comme mode d'expression et comme moyen politique**, considérant que la maitrise du discours est une nécessité pour les hommes politiques.

À ses yeux, **l'exercice oratoire n'est ni un art, ni une science**. Le rôle et l'importance de l'art oratoire sont tels qu'il surpasse l'art de la guerre.

Cicéron estime par ailleurs que la théorie n'apprend rien que nous ne sachions déjà ; c'est pourquoi il propose de **s'appuyer davantage sur l'expérience**. Mais l'expérience seule ne suffit pas : la rhétorique implique de **posséder nombre de qualités**.

Enfin, l'orateur considère **la parole comme le vecteur de l'action**. La rhétorique permet ainsi à l'individu de tenir un rôle dans la cité. Pour ce faire, l'orateur doit plaire, séduire et toucher, et posséder un savoir universel.

Cicéron met son savoir en application à travers de nombreux ouvrages sur la justice et sur la politique. En matière de justice, il recommande de **privilégier l'intérêt général à l'intérêt particulier** : tous les hommes sont unis par une loi naturelle qui interdit d'attenter aux droits d'autrui. Du point de vue politique, il propose **un nouveau modèle de gouvernement modéré : la constitution mixte**, qui est une combinaison de ce qu'il y a de meilleur dans la monarchie, l'aristocratie et la démocratie.

Cicéron a aussi porté sa réflexion sur la religion : **l'homme a naturellement foi en l'existence des dieux**. Il s'agit d'une loi de la nature. Pour prouver leur existence, il évoque l'ordre parfait des astres et l'harmonie naturelle de leur mouvement qui ne peut être l'effet du hasard ni une construction des hommes.

Votre avis nous intéresse !
Laissez un commentaire sur le site de votre librairie en ligne
et partagez vos coups de cœur sur les réseaux sociaux !

POUR ALLER PLUS LOIN

- BRUN (Jean), *L'Épicurisme*, Paris, PUF, 1991.
- BRUN (Jean), *Le Stoïcisme*, Paris, PUF, 1985.
- CICÉRON, *De la nature des dieux.*
- CICÉRON, *De l'orateur.*
- CICÉRON, *Des devoirs.*
- CICÉRON, *De la perfection oratoire.*
- CICÉRON, *De la République.* Les textes de Cicéron et leurs traductions sont accessibles sur le site de l'université catholique de Louvain, http://agoraclass.fltr.ucl.ac.be/concordances/intro.htm.
- CLÉMENT (Élisabeth) *et alii*, *La Philosophie de A à Z*, Paris, Hatier, 2000.
- HADOT (Pierre), *Qu'est-ce que la philosophie antique ?*, Paris, Gallimard, 1995.
- KUNZMANN (Peter), BURKARD (Franz-Peter) et WIEDMANN (Franz), *Atlas de philosophie*, Paris, Le Livre de Poche, 2010.
- POLYBE, *Histoire romaine.*

TESTEZ VOS CONNAISSANCES !

ASSOCIEZ CHAQUE CITATION À L'EXPLICATION QUI LUI CORRESPOND

Citation 1 : « Toutes les facultés de l'orateur s'exercent dans le cadre des cinq divisions suivantes : découvrir d'abord les arguments convenables ; ceux-ci une fois trouvés, non seulement les ranger, mais les répartir suivant leur degré d'importance et les disposer avec sagacité ; puis les revêtir des ornements du style ; ensuite les fixer dans sa mémoire ; enfin les faire valoir par une action noble et gracieuse. (De l'orateur, livre 31, 142, p. 52)

Citation 2 : "L'ensemble de tout le discours forme un édifice qui a [...] pour lumière, l'action." (De la perfection oratoire)

Citation 3 : "[L'orateur doit connaitre] les usages, la coutume, les relations sociales, l'organisation politique, la société civile, le sentiment et la raison universels, la nature et le caractère de l'espèce humaine." (De l'orateur)

Citation 4 : "Si tous les produits de la terre existent en vue de l'homme, c'est pour les hommes que naissent les hommes, de sorte que nous devons, nous conformant à la nature, servir l'intérêt commun, nous rendre les uns aux autres des services mutuels, donner et recevoir, employer nos talents, nos facultés, toutes nos ressources, à resserrer le lien social." (Des devoirs, livre 7)

Citation 5 : "[D] ans les monarchies la nation entière, à l'exception d'un seul, a trop peu de droits et de part aux affaires ; sous le gouvernement des nobles, le peuple connaît à peine la liberté [...] ; et dans l'état populaire, [...] l'égalité absolue n'en est pas moins de sa nature une iniquité permanente, puisqu'elle n'admet aucune distinction pour le mérite." (De la République, livre 1)

Citation 6 : "Lycurgue [...] réunit toutes les caractéristiques des systèmes politiques excellents, de façon à ce qu'aucun de ceux-ci, en acquérant une force plus grande que ce qui était nécessaire, ne dévie vers les maux naturels, mais en sorte que la force de l'un neutralisant celle des autres, les différents pouvoirs s'équilibrent, aucun ne domine [...]." (POLYBE, Histoire romaine, livre 6, chapitre 10)

Citation 7 : "Mérite-t-il vraiment le nom d'homme, celui qui, en présence de tant de mouvements bien réglés, d'un ordre si parfait régnant au ciel, des liens unissant de façon si harmonieuse toutes les parties du monde les unes aux autres, se refuse à croire à une raison ordonnatrice, prétend mettre au compte du hasard un arrangement calculé de façon si savante que notre science en est déconcertée ?" (De la nature des dieux, livre 2).

Explication a : dans le but de pouvoir faire preuve de douceur, de pénétration ou de pathétique en fonction des circonstances, l'orateur se doit d'avoir des connaissances culturelles très larges qui touchent aux us et coutumes, à la psychologie, à la société, à la politique.

Explication b : l'harmonie parfaite de l'univers et de la nature ne peut être le fruit du hasard et constitue la preuve de l'existence de Dieu.

Explication c : pour construire un discours, les facultés naturelles de l'orateur le font trouver des idées, les disposer intelligemment, les mettre en forme, les mémoriser, puis enfin les faire valoir par l'action et le débit de paroles.

Explication d : la rhétorique se doit d'être tournée vers l'action : le rhéteur doit préparer son discours dans le but de remporter des victoires politiques.

Explication e : la monarchie et l'aristocratie accordent trop peu de droits et de libertés au peuple, tandis que la démocratie, sous couvert de l'égalité entre les hommes, est inégale dans le sens où le mérite n'est pas récompensé.

Explication f : Polybe est en faveur d'une constitution mixte qui combinerait de ce qu'il y a de meilleur dans chaque régime politique afin d'éviter les abus de pouvoir de chacune des formes de gouvernement simple.

Explication g : l'exercice oratoire n'est ni un art ni une science et il surpasse l'art de la guerre.

Explication h : les dieux étant invisibles et extérieurs aux sociétés humaines, c'est aux hommes seuls qu'il revient d'identifier le souverain bien pour améliorer leur existence.

Explication i : si la nature est un modèle, au sens où elle dicte à l'homme la loi naturelle, c'est parce qu'elle est inspirée de la loi de Dieu.

Explication j : tous les hommes sont unis par une loi naturelle qui interdit d'attenter aux droits d'autrui. Dès lors, il s'agit de toujours privilégier l'intérêt général à l'intérêt particulier.

Rendez-vous sur lepetitphilosophe.fr et découvrez :

Plus de 1200 analyses
Claires et synthétiques
Téléchargeables en 30 secondes
À imprimer chez soi

ISBN version numérique : 978-2-8062-4930-2
ISBN version papier : 978-2-8080-0148-9
Dépôt légal : D/2017/12603/532

Conception numérique : Primento,
le partenaire numérique des éditeurs.

Made in the USA
Monee, IL
07 July 2026

56545300R00022